Adelheid Ohlig

Das Wunschbuch

Adelheid Ohlig

Das Wunschbuch

Wie man erlangt,
was man ersehnt

nymphenburger

Dem Andenken meines Bruders Kilian

Sonderproduktion – 1. Auflage 2013

Mehr zu Luna-Yoga und Adelheid Ohlig erfahren Sie unter
www.luna-yoga.com und zum Programm des Verlags unter
www.nymphenburger-verlag.de

Umschlag: Wolfgang Heinzel
Umschlagmotiv: corbis, Düsseldorf
Fotos innen: Carla Etter
Zeichnungen: Verena Giesbert, Zürich
Satz: Walter Typografie & Grafik GmbH, Würzburg
Gesetzt aus 10/14 Optima
Druck und Binden: CPI Moravia Books GmbH
Printed in the EU
ISBN 978-3-485-01220-1

Inhalt

Die Wünsche wahrnehmen

Die sieben Quellen des Wünschens

Wünsche gehören zum Leben. Und wenn es eine Zeit gab, in der das Wünschen geholfen hat, warum sollte es jetzt nicht mehr möglich sein? Viele Wünsche begleiten uns, tauchen auf, werden erfüllt oder verschwinden wieder. Doch was sind unsere wirklichen Wünsche? Wie kommen wir mit ihnen in Kontakt? Wie können wir sie wahrnehmen? Wie bringen wir sie zur Erfüllung?

Wirkliche Wünsche erkennen

Solange wir leben, kennen wir Wünsche. Möchten dies oder jenes (noch) erreichen, wollen vorankommen. Schon als Kinder hatten wir Vorstellungen über unsere weitere Entwicklung.

Der israelische Schriftsteller Amos Oz hegte als Kind den Wunsch, ein Buch zu werden – er wurde ein begnadeter, mehrfach ausgezeichneter und geehrter Autor.

Ein in großer Armut nach dem Krieg aufgewachsener Freund erzählte im Kindergarten: „Wenn ich groß bin, werde ich Millionär." Alle lachten und fanden den kleinen Knaben drollig. Als er fünfzig wurde, hatte er eine Million beisammen.

Tiefe Herzenswünsche suchen nach Erfüllung. Doch wie können wir mit unseren tiefen Antriebskräften in Kontakt kommen?

Die Energien des Körpers weisen den Weg zu den Wünschen

Schon lange beschäftige ich mich mit dem Körper, erkunde seine Kraft und Geschmeidigkeit, erforsche Launen und Lüste, befasse mich mit Emotionen und Empfindungen, tauche ein in Bewegungen und Haltungen und erfahre im Einlassen auf meine wechselnden Befindlichkeiten Kräfte und Energien. Diese Kräfte und Energien des Körpers weisen den Weg zu den Wünschen, ins Zentrum der eigenen Kraft und Weisheit.

Den Körper betrachte ich als Tempel der Seele und denke dabei an große, offene, weite Sakralbauten in Asien, an reinigende Rituale im Schutz alter Bäume in Afrika, an Zauber und Zeremonien im Dunkel der Nacht in Südamerika, an wilde oder auch würdevolle Trance-Tänze in den Wüsten Australiens, an stampfende Schritte bei Erntedankfesten indianischer Abkömmlinge in Nordamerika.

Durch den Körper erfahren wir äußere wie innere Welten. Über den Körper drücken wir uns aus, zeigen unsere Innenwelt im Außen. Im Einklang von Körper, Geist und Seele spüren wir unsere Fähigkeiten, dem Geheimnis des Lebens auf die Spur zu kommen. Entdecken in allem, was uns begegnet, bei allem, was geschieht, Botschaften zur Weiterentwicklung.

Vertrauen wir uns, unserem Körper und dem alten Wissen in uns, so können wir leichter mit dem Leben fließen, uns hingeben. Dieses Wunschbuch weist mit speziellen Körperübungen den Weg dorthin. Durch Fragen rufe ich dabei das Zentrum der eigenen Kraft und Weisheit stärker ins Bewusstsein. Der Wunschweg über energetische Zentren berührt bestimmte Themen, lässt diese deutlicher werden, lotst durch Fragen zum Kern, leitet vom Grobstofflichen zum Feinstofflichen.

Die sieben Kraftzentren im Körper

Im Körper können wir uns sieben Kraftzentren vorstellen, die sieben Quellen der Wünsche. Sie bilden das energetische Gerüst unseres irdischen Daseins.

Noch immer sind Energien geheimnisvoll – wir spüren sie, wir ahnen sie, wir nehmen sie wahr, wir reden darüber –, doch begreifen wir sie wirklich, können wir sie beschreiben?

Manchmal helfen wir uns damit, von Wundern zu sprechen. Wir erzählen uns wundersame Begebenheiten, staunen, wenn uns etwas zustößt, was eigentlich gar nicht vorgesehen war. Zufall, sagen dann einige. Welche Mächte waren da am Werk? Doch ist Zufall nicht das, was uns zufällt?

Wir verfügen über Aufnahmekanäle, die über die Erfahrungen der fünf Sinne hinausgehen. Nicht umsonst spricht man vom sechsten Sinn, der Intuition. Wir nehmen Schwingungen auf, die möglicherweise von anderen ausgehen, spüren, welche Idee in der Luft liegt, fangen sie auf. So erklärt es sich, dass manchmal zeitgleich an verschiedenen Orten der Erde verwandte Projekte auftauchen, gleichartige Entdeckungen gemacht werden, ähnliche Themen in den Vordergrund treten.

Die Vorstellung von solchen wirksamen Energiefeldern im Leben finden wir in vielen Kulturen.

In vielen Kulturen gibt es die Vorstellung von Energiefeldern

Von Indien her kennen wir den Begriff Chakra – damit sind Energiewirbel, Kraftzentren gemeint. In der altindianischen Pueblo-Kultur konzentriert man sich bei der Visionssuche auf bestimmte Regionen des Körpers. Mapuche-Medizinfrauen in Chile heilen, indem sie ihre Hände auf gewisse Energiepunkte des kranken Menschen legen. Bei den Tänzen der ostafrikanischen Acholi wird Beweglichkeit in der Brustbeinregion mit Mut, Geschmeidigkeit des Beckens mit Verwurzelung und Fruchtbarkeit in Verbindung gebracht. Aboriginestämme in Australien betonen die energetische Verbindung zwischen Steiß und Kopf. Bei der Craniosacralarbeit, einer modernen Körpertherapie, wird der Puls der Rückenmarks-Gehirn-Flüssigkeit an genau den gleichen Stellen ermittelt, an denen die altindische Chakrenlehre Energiezentren ansiedelt. Auch die Bioenergetik, ein Zweig der humanistischen Psychotherapie, beschäftigt sich mit den Energieströmen im Körper des Menschen.

Woher kommt dieses Wissen, wenn nicht aus der Erfahrung?

Die Schamanen der Mangyan auf Mindoro, einer philippinischen Insel, widmen sich nicht nur heilenden Kräutern, sondern auch heilenden Kräften. Sie beobachten den Lebensfluss, den Atem, spüren das Herannahen einer Heilerin, selbst wenn diese noch lange nicht in der Dichte des Dschungels zu sehen ist. Sie besingen mit bestimmten Tönen den Menschen, der Hilfe braucht, um die Energie wieder ins Fließen zu bringen.

Rupert Sheldrake, britischer Biochemiker, entwickelte das Konzept der morphogenetischen Felder: Energien, die um uns sind und deren Wirkungen wir wahrnehmen können.

Die sieben hauptsächlichen Energiezentren unseres Seins stecken voller Möglichkeiten, sie verbinden uns mit den Energien, die immer und überall da sind. Wir können unsere inneren Kräfte stärken. Es steht uns frei, die Pforten der Wahrnehmung zu öffnen, um tiefer in die Geheimnisse des Lebens einzudringen und dem, was wir uns in unserem Innersten wünschen, näher zu kommen.

Tief in die Geheimnisse des Lebens eindringen

Bestimmte Übungen aus dem altindischen Yoga unterstützen dieses innere Schauen, Hören, Fühlen. Unsere Sinnesorgane empfangen nicht nur offensichtlich von außen Kommendes, sondern sind zugleich so ausgestattet, dass sie Botschaften von innen entschlüsseln.

Manchmal sind wir blockiert, finden keinen Zugang zu den Kräften unseres Lebens, spüren Wunden, die wir nicht berühren möchten; ahnen zugleich, dass Wandlung möglich wäre, wissen, dass Heilung erfolgen kann. Das Leben zeigt gern verblüffend andere Aussichten, wenn wir wilde, eigene Wege wagen.

Die Energiefelder im Körper

Die sieben Quellen der Wünsche entsprechen den sieben Chakren der altindischen Vorstellung. Chakren spiegeln energetische Bewegungsmuster in unserem Körper, verbinden Körper, Geist und Seele, rhythmisieren unser Leben gemäß innerer Anlagen. Alte Schriften aus Asien berichten von Beziehungen zwischen Nervengeflechten, Drüsensystemen und Chakren. Beschrieben werden zudem Methoden, um mittels dieser Verbindungen die Gesundheit von Leib und Seele zu pflegen.

Nach den indischen Philosophien des Yoga, Tantra und Ayurveda, die seit Jahrhunderten mit dem Konzept der Chakren arbeiten, können wir durch wache Wahrnehmung und klare Konzentration, die wir am besten täglich üben, zu einem glückseligen Leben gelangen. Zu dieser Erfahrung führe ein Weg über die Konzentration auf die Energiewirbel unserer Existenz.

Der Weg zu einem glückseligen Leben

Was sind diese geheimnisvollen, wundersamen, zauberhaften Energiefelder?
Sie sind wahrnehmbar, doch nicht beweisbar.

Wir können sie fühlen, doch nicht festlegen.
Sie wirken und sind doch in der Wirklichkeit nicht fassbar.

Jedes der sieben Chakren steht für ein bestimmtes Thema und bringt uns auch mit den entsprechenden Energien in Kontakt. Sich darauf einzulassen, führt uns zu unserer Mitte, bringt uns auf den Weg zur inneren Klarheit, zur eigenen Stimme. Wenn wir unsere Wünsche wahrnehmen, entdecken wir diese Themen und vertiefen sie durch die entsprechende Körperübung. So gelangen wir zum Annehmen des Lebens in seiner ganzen Fülle. Mystisch betrachtet beschreiten wir somit den Weg zur Erleuchtung.

Die Chakren und ihre Themen

Nach alten indischen Schriften werden Chakren im Energiekörper angesiedelt und durchdringen unseren physischen Körper. Meist werden sieben Hauptenergiewirbel genannt:

Am Steiß befindet sich das Chakra, das alle Möglichkeiten der physischen Existenz in sich birgt. Hier ruht unser Sein, hier imaginiert man das Potenzial des gesamten Menschenlebens. Wir erden und verwurzeln uns, nehmen das Leben an.

Muladhara, Wurzelchakra, heißt dieses Energiezentrum in Sanskrit, der altindischen Sprache.

Ich inkarniere.

Bei den Sexualorganen geht es um das Fließen der Energien zwischen sich anziehenden Kräften. Austausch sowie ausgeglichenes Geben und Nehmen werden hier gelernt. Svadishthana, so der Sanskritname, bedeutet „Stütze des Selbst". Es geht also auch darum, in sich selbst zu ruhen, Stütze sein zu können für sich und andere, Energie halten zu können.

Ich schöpfe.

Im Bauchraum, in der Nabelregion, wird die Eigenmacht angesiedelt, die Fähigkeit zu entscheiden; das Bewusstsein, Ursache und Wirkung zu erkennen, soll hier lokalisiert sein. Der Sanskritname Manipura heißt „Stadt der Edelsteine" und weist darauf hin, dass man mit dieser Energie aktiv und bestimmend in die Welt hineintreten kann.

Ich handle.

Im Herzraum finden wir Liebe und Vertrauen, Fühlen und Spüren, Hingabe und Hinwendung.
Der nicht geschlagene Ton heißt dieses Zentrum auf Sanskrit: Anahata. Gefühle können wahrgenommen, gespürt, zugelassen und erfahren werden.

Ich liebe.

Beim Kehlkopf hören wir unsere eigene innere Stimme, lernen unsere Intentionen wie auch die Intuition kennen.
Vishuddha bedeutet „rein“. Die Konzentration auf dieses Chakra schenkt klare Bewusstheit in Bezug auf sprechen und hören.

Ich erfahre.

Hinter der Stirn liegt die Freiheit, handeln zu können, ohne Belohnung zu erwarten, der sechste Sinn kann geschult werden; tiefes, inneres Wissen wird erfasst.
Ajna kann als Macht, Befehl und Autorität übersetzt werden. Wenn wir uns mit diesen Energien beschäftigen, lernen wir den

Geist zu klären, schulen unsere Unterscheidungskraft und stärken unsere Entscheidungsfähigkeit.

Ich erkenne.

Beim Kronenchakra, am höchsten Punkt unseres Kopfes, erfahren wir unsere Aufgabe, spüren unsere Berufung, verbinden uns mit dem klaren Wissen, was Not tut. Transzendenz, Realität, die den Alltag übersteigt, kann deutlich werden.
Sahasrara heißt „tausendblättriger Lotos": Alle Möglichkeiten stehen uns offen.

Ich bin.

Neben diesen sieben Hauptchakren gibt es noch weitere Nebenchakren, zum Beispiel in den Handflächen, in den Füßen. Dieses alte Wissen wird meist mündlich an begabte Heilkundige weitergereicht.
Im Übungsteil schlage ich Atemforschungen, Bewegungen, Entspannungen, Haltungen und Stellungen vor, um tiefer mit diesen energetischen Kräften des Seins in Kontakt zu gelangen.

Chakren und Wünsche

Wenn Sie einen Wunsch in sich verspüren und ihn näher kennen lernen wollen, können Sie die entsprechende Übung auswählen und über den vorausgehenden Text tiefer in das Thema einsteigen. Hier eine kleine Zusammenstellung von Wünschen, Sehnsüchten, Träumen:

Liegen Ihre Wünsche auf der materiellen Ebene, geht es um Verwurzelung, handelt es sich um existenzielle Fragen, betrifft es die Existenzsicherung, dann schauen Sie beim Wurzelchakra nach.

Sie wünschen sich eine Beziehung, suchen nach sexueller Erfüllung, möchten eine Beziehung knüpfen oder erhalten, sehnen sich nach Partnerschaft, hegen einen Kinderwunsch, trachten nach Erkenntnissen über die eigene Kreativität, dann finden Sie Übungen, Anregungen beim Sexualchakra.

Eigenmacht und eigene Kraft, das eigene Potenzial, die innere Stärke, die Entscheidungsfähigkeit schulen Sie mit den Übungen zum Nabelchakra.

Herzensangelegenheiten, Herzstärkung, Herzlichkeit, Heiterkeit, Gelassenheit, Mut werden mit den Übungen zum Herzchakra angeregt.

Drehen sich Ihre Wünsche um Kontakt, Kommunikation, Stimme, Sprache, innere Wahrheit und Klarheit, Stimmungen, dann vertiefen Sie sich in die Übungen zum Kehlchakra.

Intuition, verfeinerte Wahrnehmung, Erkennen tieferer Zusammenhange, Erkenntnisfreude, Intellekt – diese Eigenschaften werden durch Konzentration auf das Dritte Auge geweckt und gestärkt.

Möchten Sie Körper, Geist und Seele in Einklang bringen, die Einbindung in die Natur erleben, sich dem Transzendenten zuwenden, Verbindung zum Universellen spüren, dann richten Sie Ihre Aufmerksamkeit auf das Scheitelchakra.

Experimentieren Sie, bleiben Sie offen, nehmen Sie einfach Ihre Wünsche wahr, spüren Sie Ihre körperlichen Reaktionen und bleiben Sie frei. Bewahren Sie sich das Staunen eines Kindes. Erfahren Sie das Leben in seiner ganzen Fülle.

Wünsche wandeln

Wissen Sie, was Sie sich wünschen?

Nehmen Sie sich einen Augenblick Zeit. Stellen Sie sich die Menschen und Dinge vor, die Sie umgeben. Vielleicht möchten Sie sich das Wichtigste notieren. In einem zweiten Schritt betrachten Sie nun alles unter dem Aspekt: „Das habe ich mir gewünscht." Haben Sie sich das gewünscht? Regt sich bei dem einen oder anderen Aspekt Widerstand? Das kann doch wohl nicht sein, dass ich mir dies gewünscht habe! „Nein, mein Traummann ist das nicht. Ich treffe immer wieder den Falschen." Oder: „Die Wohnung ist viel zu laut, auf Dauer möchte ich da nicht wohnen." Es spielt keine große Rolle, was Ihnen in den Sinn kommt, bleiben Sie ehrlich mit sich selbst und betrachten Sie möglichst wertfrei Ihre jetzige Situation.

Wertfrei die jetzige Situation betrachten

Haben Sie sich bis zu diesem Augenblick Ihres Lebens dahin gewünscht – vielleicht oft unbewusst, einem inneren Automatismus folgend?

Von hier aus machen wir uns nun auf den Wunschweg. Über Wünsche und Sehnsüchte lernen wir uns besser kennen und erkennen, wo wir etwas verändern möchten.

Wenn wir unsere Gefühle zulassen und mit unserem wachen Verstand unsere Wünsche betrachten, sehen wir, wo wir mehr für das tun können, was uns vorschwebt. Wir lernen zu unterscheiden, worauf wir Einfluss haben und worauf nicht. Wir entdecken, was wir ändern möchten, und bringen die Geduld auf, Wechsel und Wandel organisch geschehen zu lassen. Wir spüren die Kraft und die Kühnheit des Veränderungswillens. Ab dann kann das Leben einfacher werden.

Wünsche werden zu Wegweisern

Wünsche können uns leiten, werden zu wichtigen Wegweisern. Sie zeigen Mängel auf, stimulieren Schwachpunkte, locken Möglichkeiten. Niemand muss unsere Wünsche erfüllen, wir können selbst unsere Ideen verwirklichen. Hinderlich sind oft nur unsere eigenen Vorstellungen – sie stellen sich vor die Realität.

Was immer wir denken, fühlen, mit Zeit und Energie nähren – es wird unser Leben prägen.

Ich finde es immer wieder spannend, mich selbst bei der Art meines Denkens und Redens zu beobachten. Welchen Gedanken und Gefühlen gebe ich Platz? Wie wirkt sich das auf meinen Alltag aus? Welche Gedanken und Gefühle bestimmen Ihr Leben?

....

....

....

....

....

....

Gedanken schaffen Wirklichkeit

Wenn Menschen mittels ihrer Gedanken ein Computerspiel dirigieren können, wie Wissenschaftler vor kurzem bewiesen, zeigt dies offenkundig, wie wichtig es ist, auf das zu achten, was wir denken.

Alte Kulturen haben dies bereits lange tradiert; in indischen, chinesischen Schriften finden wir Hinweise zur Macht der Gedanken und die Aufforderung, bewusst zu leben, positiv zu denken, gut hin zu spüren.

Schamanische Heilweisen arbeiten mit der Kraft und Macht innerer Bilder und Vorstellungen. Sie bereiten auf das vor, was angestrebt wird, und bekräftigen mit Ritualen und Rasseln, Tänzen, Trancen, Trommeln, Gesängen oder Schweigen ihre Absicht. Sie nutzen ihre Intuition, um zur Intention zu gelangen.

Klarheit beim Wünschen

Wünsche haben viel mit Veränderungslust zu tun. Irgendetwas stimmt so nicht mehr und strebt nach Wandlung. Wo winken neue Ziele? Was lockt? Was passt nicht mehr? Manchmal führt der Weg von dem, was wir nicht mehr brauchen und wollen, zu dem, was wir ersehnen. Häufig sendet der Körper Signale, vielleicht ermüden wir schneller bei einer sonst hochgeschätzten Tätigkeit oder wir werden unachtsam, wo wir sonst mit Begeisterung dabei waren. Manchmal schmerzt ein bestimmter Körperteil, tut weh oder versagt den Dienst.

Hin zu dem, was wir ersehnen

Veränderung geschieht selten von heute auf morgen. Tage, Wochen oder Monate können darüber ins Land ziehen. Doch plötzlich ist es klar: Hier geht es weiter. Das genau möchte und brauche ich, da entwickele ich mich weiter. Aufatmen.

Wie wichtig Klarheit beim Wünschen ist, lehren mich Geschichten anderer Menschen und eigene Erlebnisse:

- Eine Bekannte wünschte sich einen aufregenden Mann – einige Monate lang hatte sie einen nervenaufreibenden Rechtsstreit mit ihrem Nachbarn, den sie mit dessen Rechtsanwalt ausfechten musste.
- Ein alter Freund wollte eine schöne Frau, die traf er – aber die Beziehung währte nicht lange, denn mit der Schönen teilte er kaum Interessen oder Vorlieben.

- Ich hatte einen warmen, ruhigen, idyllischen Ort ersehnt, um mein Buch zu beenden. Der wurde mir angeboten – fernab jeglicher Zivilisation, ohne Elektrizität. Mit der Hand schreiben wollte ich dann doch nicht.

An wen richten wir unsere Wünsche? Gibt es eine Instanz, die Wünsche erfüllt? Ist es wichtig, diese zu kennen?
Ich weiß es nicht, ich verlasse mich auf das Fließen der Energien. Auf das Erkennen von Zeichen. Auf das Spüren von Spuren.
Meist erzählt der Körper, was wichtig ist.

Der Atem zeigt unser Befinden an

Der Atem zeigt sehr deutlich unser Befinden: atmen wir schnell, sind wir aufgeregt; atmen wir langsam, sind wir in unserer Mitte. Im Atem können wir viel erspüren und erahnen. Ein tiefer Atem weitet die Gedanken, öffnet das Herz, lässt Energien erahnen.
Jeder Mensch stellt sich unter Energien etwas anderes vor, manchen ist ein Name wichtig, andere engen fixe Ideen – und seien sie noch so interessant – ein.
Wesentlich ist am Ende, was geschieht, was sich verändert, wohin unser Wunschweg in unserem Leben führt, wohin unser Wünschen uns lenkt.
Wir dürfen alles wünschen, solange es niemandem schadet. Wünschen kann ein Spiel sein, die Intuition zu schärfen. Probieren Sie es doch einfach einmal aus. Spielen Sie mit Ihren Wünschen und seien Sie wachsam für die kleinsten Veränderungen.

„Wollte ich nicht zu einer bestimmten Zeit fertig sein?" Schon flutscht die Arbeit wie von selbst.

„Oh, wenn doch der Freund noch mal anriefe, bevor ich aus dem Haus gehe." Tut er es?

Eigene Wünsche erfüllen sich leichter

An solch einem Beispiel merken Sie vielleicht, dass Wünsche, die Sie selbst betreffen, für die Sie zuständig sind, sich leichter erfüllen als diejenigen, bei denen andere Menschen involviert sind.

Die eigenen Energien können Sie kennen lernen, mit ihnen können Sie arbeiten, Sie spüren sie in Ihrem Körper und können sie lenken. In andere Leben haben wir uns nicht einzumischen.

Wunschspielereien

Wachheit, Witz und Wahrheitslust sind wundersame Spielgefährten. Sie unterstützen uns im klaren Erkennen dessen, was wir zutiefst begehren. Keinesfalls wollen wir dabei in bemühte Willensanstrengungen verfallen; da helfen ein gutes Quäntchen Humor und mindestens eine Prise Heiterkeit, die ersten Hürden der eigenen Einschränkungen zu nehmen.

Das wache Bewusstsein schulen wir am besten im Alltag: Wann tauchen meine Wünsche auf? Wie äußern sie sich?

Ergründen Sie Ihre Wünsche. Werden Sie neugierig auf Ihre Antriebskräfte. Es winken spannende Einsichten.

- Spüren Sie, wo und wann Wünsche auftauchen?
- Können Sie diese körperlich lokalisieren?
- Kommt der Wunsch aus einem Bauchgefühl? Oder mehr vom Kopf? Oder gar aus dem Herzen?
- Wie fühlt sich ein Wunsch an? Was verbirgt sich hinter einem Wunsch?
- Nehmen Sie Freude wahr, wenn Sie an die Verwirklichung denken?
- Empfinden Sie Kraft?
- Können Sie dabei lächeln?
- Oder werden Sie eng?
- Verspannen Sie sich?
- Machen sich Hetze, Hektik und Stress breit?

Möglicherweise entdecken Sie im wachen Hinspüren die Kraft bestimmter Körperregionen.
Grundsätzlich gilt: Je heiterer und gelassener Sie beim Wünschen bleiben, umso eher werden Sie ans Ziel gelangen, denn Sie bleiben dann offen genug für das, was das Leben mit Ihnen vorhat. Außerdem spricht heitere Gelassenheit dafür, dass der Wunsch dem Wohle aller dienlich ist. Denn genauso wie wir für unsere Umwelt erträglicher sind, wenn es uns wohl ist, so ist eine zufriedene Umwelt unserem eigenen Wohlsein bekömmlicher. Im tibetischen Buddhismus wird allen Wünschen die Bitte „Zum Wohle aller“ beigefügt.

Nehmen Sie dieses Buch wie einen Wunschkurs oder eine Spielkiste zur Hand. Lassen Sie Ihren Alltag zum Wunschforschungsprojekt werden. Lernen Sie, wie man Wünsche am Schwanz packt und betrachtet. Lassen Sie sich nicht von Ihren Wünschen bestimmen, sondern bestimmen Sie, welcher Wunsch Wirklichkeit werden darf.
Freuen Sie sich auf Wünsche, die auf Ihr Wesen hinweisen, die das Wesentliche stärken, die Ihren Lebensweg immer deutlicher machen.

Schärfen Sie Ihre Beobachtungsgabe:

- Wo verbergen sich Veränderungswünsche?
- Welche alte Wunde mag geheilt werden?
- Welche Sehnsucht singt mir ihr Lied?
- Was ist meine Zukunftsvision?

....

....

....

....

....

....

Das Wunschheft

Ein Wunschheft kann wunderbare Wegbegleitung ins Reich der Wünsche sein. Darin hat alles Platz, was Herz, Hirn oder Hand ersehnen. Es nimmt auf, was uns innerlich bewegt, dokumentiert unsere Entwicklung, entzückt, lässt uns über uns selbst schmunzeln, während wir uns zugleich ernst nehmen.
Suchen Sie sich ein schönes Heft aus, in das Sie Ihre Wünsche notieren. Wenn Sie später darin blättern, werden Sie Ihre helle Freude daran haben.

Was ins Wunschheft hineingehört

- Gefühlstiefe und Gedankenkraft. Scheuen Sie sich nicht, in die Tiefen Ihrer eigenen Gefühle einzutauchen. So lernen Sie nicht nur sich selbst besser kennen, sondern auch das Leben. Denn im tiefen Grund unserer Seele finden wir die Perlen und Schätze unserer Fähigkeiten. Formulieren Sie Ihre Gedanken, so wird das Muster Ihres Denkens klarer und die Gedanken beherrschen nicht Sie, sondern Sie werden zur Meisterin, zum Meister Ihres Denkens.

- Willensstärke und Wagemut braucht es, sich mit dem zu beschäftigen, was im Innersten schlummert. Doch die Mühe lohnt sich, wir werden zunehmend freier.
- Herzhaftigkeit und Heiterkeit sind für ein zufriedenes Leben unerlässlich. Sie erlauben uns, mit Humor, Gelassenheit und Witz zu meistern, was sich in den Weg stellen will. Mit diesen Eigenschaften können wir sogar die Bretter, die uns vor die Beine geworfen werden, als Sprungbretter nutzen.
- Experimentierfreude und Erprobungslust bereichern jedes Leben, Neues wird in Angriff genommen, Altes, Unnützes frei zurückgelassen.

Stellen Sie sich Fragen

Was ist mir wichtig, was möchte ich erreichen, wofür kann und will ich Energie einsetzen?

Schreiben Sie unbekümmert drauflos. Beobachten Sie im Lauf der Zeit, ob sich etwas verändert. Sind die Wünsche gleich geblieben? Hat sich Ihre Einstellung geändert? Wurde ein Wunsch verwirklicht oder ist er unwesentlich geworden?

Hier eine erste Schreibübung

Schreiben Sie alles auf, was Sie sich wünschen, ersehnen, erhoffen, gerne hätten. Schreiben Sie frei und unbekümmert drauflos. Gestatten Sie sich Ihre Erwartungen an das Leben, die Sie vielleicht noch niemandem gesagt haben. Lassen Sie sich von Ihrem eigenen Inneren überraschen.

Lassen Sie sich von sich selbst überraschen

Lesen Sie die Aufzeichnungen und wählen Sie das Wichtigste aus. Was würde Sie am meisten erfreuen? Was am ehesten glücklich machen? Wozu fühlen Sie sich hingezogen?

Wenn Sie diese Übung abends vor dem Schlafengehen gemacht haben, kann es sein, dass in den Träumen der Nacht Ideen auftauchen, die zur Verwirklichung der Wünsche anregen. Freuen Sie sich an der Klugheit Ihrer Seele, Ihres Unbewussten.

Noch tiefer führt die Übung, wenn Sie Ihre drei wichtigsten Wünsche herausgreifen, auf einen – vielleicht farbigen – Zettel schreiben und diesen so aufhängen, dass Sie mehrmals täglich ihn lesen können. Nehmen Sie die Gedanken und Gefühle wahr, die beim Immer-wieder-Lesen auftauchen. Fantasieren Sie.

In einem nächsten Schritt können Sie noch eine Collage gestalten: Sie suchen sich Zeitungsausschnitte, Ausrisse aus Illustrierten, Bilder, Fotos, die Ihre Wünsche repräsentieren und kleben Sie auf ein großes Stück festes Papier oder Pappe. Was regt dieses „Wunschbild“ in Ihnen an? Beobachten Sie in den nächsten Wochen, was alles auf Sie zukommt, was Ihnen so über den Weg läuft, welche Zufälle Ihnen zustoßen.

Dem Inneren erlauben, sich zu öffnen

Sie kommen der Verwirklichung Ihrer Wünsche immer näher, je mehr Sie Ihrem Inneren erlauben, sich den Energien des Ahnens zu öffnen. Sie können Ihre Wünsche auch mit anderen besprechen, sie sollten Ihnen allerdings wohlgesonnen sein und Sie auf Ihrem Weg unterstützen

Die nächste Schreibübung

Sie stammt aus dem kreativen Schreiben. Mindestens fünf Minuten lang schreibt man gebetsmühlenartig ohne großes Nachdenken:

Ich bin ein Fan von …

Ich bin ein Fan von …

Ich bin ein Fan von …

Schreiben Sie Ihre Vorlieben auf, benennen Sie, was Ihnen Freude macht. Lassen Sie sich durch die Wiederholungen in tiefere Bewusstseinszustände führen – bis hin zu tiefsten Herzenswünschen.
Diese Liste können Sie immer wieder neu schreiben und sich überlegen, ob und wie Sie den aufscheinenden Vorlieben nachgehen möchten. Betrachten Sie das Ganze als Spiel. Bleiben Sie beim neugierigen Forschen und Wahrnehmen. Welcher Art sind Ihre Wünsche?

Meditieren Sie über Ihre Ideen und Vorstellungen

Setzen Sie sich an ein ruhiges Plätzchen, lauschen Sie nach innen: Wie fühlen Sie sich bei einer bestimmten Idee? Achten Sie auf Impulse. Wie geht der Atem?

Der Atem zeigt, was gut für uns ist

Der Atem zeigt sehr genau, wie gut etwas für uns ist. Fließt er langsam und leicht, tief und fein, dann beruhigt sich der Geist. Oberflächliches verschwindet und das Wesentliche erscheint. Der Atem ist die Stimme der Seele.

In meinem Wunschheft sammle ich auch Sehnsüchte

- Ach, wie gern würde ich direkt am See wohnen … dann könnte ich jeden Morgen schwimmen gehen …

- Oh, wie schön wäre es, in wärmeren Gefilden zu leben ... dort erscheinen mir die Menschen freundlicher ...
- Glücklich wäre ich über die Erfüllung eines Herzenswunsches ...

Utopien einer friedlicheren Welt male ich mir in meinem Wunschheft aus, notiere gute Begebenheiten, erlebte oder solche, von denen ich hörte oder las, um diese Energien stärker in der Welt zu verankern.

Was ich mit Energie nähre, gedeiht.

Erkennen, was mir wirklich am Herzen liegt

Aus dem Wunschheft treten mir meine Wünsche deutlich und klar entgegen und ich lerne zu unterscheiden zwischen dem, was mir wirklich am Herzen liegt, und dem, was temporär verlockend ist und keine weitere Energie braucht.
Manchmal formuliere ich Fragen. Oft schreiben sich die Antworten fast von allein – ist es mein Unbewusstes, das Bescheid weiß? Oder sind es diese wundersamen Kraftzentren, die Chakren, die mir den Weg weisen?
Wie wäre es, täglich sieben glückliche Momente im Wunschheft zu notieren? Damit stärken wir zum einen unsere positive Gestimmtheit und entdecken zum anderen, wie viel uns täglich geschenkt wird:

- Das Lächeln der Supermarktverkäuferin.
- Schönes Wetter zum Spazierengehen.
- Regenwetter, um Liegengebliebenes aufzuräumen.
- Der Scherz des Fahrkartenkontrolleurs.
- Unerwartete Einladungen …

Mit den Wunschseiten können Sie Ihre inneren Tiefen ausloten, verborgene Seiten integrieren, ganz und heil werden.

Zur Quelle Ihrer inneren Bilder

Lassen Sie Ihre Fantasie sprudeln, gehen Sie zur Quelle Ihrer inneren Bilder, beachten Sie spontane Assoziationen. Finden Sie eigene Deutungen und erinnern Sie sich, dass Märchenfeen fast immer drei Wünsche gewähren. Sie tun dies umso lieber, wenn die empfangende Person sich freut, zu danken weiß und aktiv wird.

Zufriedenheit entsteht, wenn wir im Einklang mit unseren inneren Werten sind. Wenn wir leben, was in uns angelegt ist, wenn wir unsere eigene Melodie anstimmen; das individuelle Lied aus dem Herzen aufsteigen lassen; unsere Sehnsüchte auf unsere Weise ausdrücken.

Indem wir im Alltag immer bewusster unsere Intuition zulassen, den sechsten Sinn schulen und trainieren, staunen wir über die Synchronizitäten, die unser Leben erleichtern werden:

Eine Einladung in ein Land, das wir schon lange kennen lernen wollten.

Die Ausstellung, die wir aus Zeitmangel vermeintlich verpassten, wird einen Monat länger geöffnet bleiben.
Das längst vergriffene Buch steht bei einem Freund im Bücherschrank …
Wünsche dürfen kühn und keck sein, sie brauchen diese Kraft auf dem Weg in die Wirklichkeit. Je mutiger wir auf unserem Lebensweg voranschreiten und deutlich zwischen Gier und Herzenswunsch unterscheiden, desto klarer erkennen wir, was zum Glück noch fehlt. Entdecken wir unsere schöpferischen Möglichkeiten. Wagen wir es, das Potenzial unserer Talente und Begabungen zu leben.
Glückauf!

Zwischen Gier und Herzenswunsch unterscheiden

Wunschträume und Wunschfänger

Locken Sie Ihre Träume

Dem Wünschen geht oft ein Träumen voraus, diesem folgt das Begehren, das dann in ein Tun einmündet. Wir können Wunschträume herbeilocken, indem wir eigene Rituale zum Einschlafen entwickeln:

Ritual zum Einschlafen

Wenn Sie sich ins Bett gekuschelt haben, entspannen Sie bewusst. Achten Sie besonders auf die Partien Ihres Körpers, die sich im Lauf des Tages verspannt haben. Lenken Sie Ihre Aufmerksamkeit dorthin, wo Sie noch nicht locker sind. Stellen Sie sich vor, Anspannung auszuatmen und Erquickung einzuatmen. Lassen Sie den Atem fein und tief werden.

Versenken Sie sich in Ihr Körpergefühl, stellen Sie sich die sieben Kraftorte der Chakren vor, richten Sie Ihre Aufmerksamkeit auf diese Körperregion. Fühlen Sie, welche Energien in Ihnen stecken. Wünschen Sie sich etwas und lassen Sie den Wunsch wieder los.

Nehmen Sie wahr, wie Sie sich jetzt fühlen.

Wenn Sie spüren, wie Sie immer tiefer in die Kissen sinken, dürfte eine angenehme Entspannung erreicht sein.

Überlegen Sie, was Ihnen der Tag gebracht hat. Vor allem, welche Freuden er Ihnen schenkte. Lassen Sie den Ablauf des Tages Revue passieren ohne einzugreifen oder zu bewerten, schauen Sie sich den Film Ihres zu Ende gehenden Tages rückwärts an. Wenn Sie dabei einschlafen, freuen Sie sich.

Die Rückschau befreit von Verstrickungen

Diese Rückschau befreit von Verstrickungen und Verwicklungen des Tags und schenkt ein zufrieden entspanntes Aufwachen am nächsten Morgen. Vielfach erhalten wir dann die Antwort auf eine am Abend zuvor gestellte Frage, wie man am besten zur Erfüllung eines Wunsches gelangen kann.

Basteln Sie sich einen Wunschfänger

Nehmen Sie kleine und leichte Objekte wie Federn, Fäden, Fellstückchen, weiche Wolle, buntes Papier, dünnen Draht. Biegen Sie den Draht in eine Form, die Ihnen gerade zusagt: einen Kreis, ein Oval, ein Viereck oder etwas ganz Bizarres. Umwickeln Sie das Gebilde mit Fäden, Wolle, Papier oder Fell und ziehen Sie noch einige farbige Fäden durch das Gefüge. An die Fäden können Sie Federn knüpfen, Glöckchen hängen oder was immer Ihnen noch zur Gestaltung einfällt. Während des Bastelns beschäftigen Sie sich mit Ihren Wünschen, sodass diese in die Form hinein gewoben werden.

Sie können Ihren Wunschfänger vor das Fenster, vor eine Tür, über das Bett, das Sofa oder über den Tisch hängen. Ein solcher Talisman wird Sie an Ihre tiefen Wünsche erinnern und vor negativen, nutzlosen, nichtigen Gedanken und Gefühlen schützen. Der Wunschfänger bewahrt bedeutende und förderliche Ideen, Inspirationen, Träume und Impulse. Er verhilft zu Konzentration auf das Wesentliche und erinnert an die in uns schlummernden Kräfte sowie an das Eingebundensein in ein größeres Ganzes.

Wunschfänger halten die Verbindung zu tiefen Bewusstseinsschichten

Wunschfänger laden zum Wunschträumen ein, wenn unser Blick darauf fällt; sie halten die Verbindung zu tiefen Bewusstseinsschichten.

Die Wunschübungen

Individuelles Wunschausloten

Die Energien der Chakren werden mit den Elementen in Verbindung gebracht. Sie berühren tiefe Schichten unseres Seins, sind elementar, verweisen auf den Urgrund der Schöpfung. Elemente sind elementar, grundlegend. Diese alles durchdringenden Naturmächte sind allen Kulturen des Planeten geläufig. Während wir meist von vier Elementen sprechen, beschreiben indische Mythologien wie auch die ayurvedische Medizin neben Erde, Wasser, Feuer, Luft noch das geheimnisvolle Akasha, das meist mit Äther übersetzt wird, wörtlich jedoch ohne Raum bedeutet. Manche deuten es als Transzendenz, als Raumzeit, Zeitraum oder Form. Chinesische Traditionen kennen Wasser, Holz, Feuer, Erde und Metall.

Auch wir sind aus den Elementen der Schöpfung gebildet

„Erde mein Körper, Wasser mein Blut, Luft mein Atem und Feuer mein Geist" heißt es in einem traditionellen Lied, das den UreinwohnerInnen Nordamerikas zugeschrieben wird und von der US-amerikanischen Autorin und Aktivistin Starhawk verbreitet wurde. Lassen Sie die Worte wirken, nehmen Sie die Verbindung zur Natur wahr, die aus diesen Elementen besteht. Und da wir zur Natur gehören, sind auch wir aus den Elementen der Schöpfung gebildet.

Die Energiezentren unseres körperlichen Seins stehen in direkter Verbindung mit den Elementen der Natur. Je mehr wir uns selbst kennen lernen, je feiner unsere Selbstwahrnehmung wird, desto klarer wird uns auch das Zusammenspiel von Chakren, Energien und Elementen.

In jedem Fall schlage ich ein individuelles Wunschausloten vor.

Der eigenen Wahrnehmung vertrauen

Während ich Ihnen einerseits traditionelle Entsprechungen von Chakren und Elementen aufzeige, bitte ich Sie, bei jedem Energiezentrum frisch und frei hinzuspüren, was Sie gerade wahrnehmen.

Spüren Sie das gleiche Element?

Taucht vor Ihrem inneren Auge die gleiche Farbe auf?

Erlauben Sie Ihrer Intuition, Ihrer inneren Stimme, zu Ihnen zu sprechen. Würdigen Sie Ihre eigenen Wahrnehmungen, vertrauen Sie Ihrer Innenwelt.

Sie ist ebenso gültig wie alte Schriften.

Denn auch in diesem Bereich gibt es kein richtig oder falsch, sondern wechselnde Stimmungen. Menschen haben den Chakren auf Grund eigener Erfahrungen verschiedene Eigenschaften zugeschrieben. Die Überlieferungen alter Kulturen unterscheiden sich vielfach.

In der Verbindung und im Zusammenspiel der verschiedenen Energien bilden sich im Laufe des Lebens die eigenen Wahrnehmungen, das eigene Wissen heraus, das uns entspricht und uns von innen nährt. Unsere tiefen Wünsche zeigen sich.

Vom Wahrnehmen zum Spüren

In den vorausgegangenen Kapiteln ging es zunächst um das Wahrnehmen der Wünsche, das Erkennen der Energiefelder des Körpers. Mit Schreibspielen und Wunschfängerbasteln näherten wir uns den tiefen inneren Wünschen, die unsere Entwicklung fördern. Mit Körperübungen aus dem alten Yoga gelangen wir vom Wahrnehmen zum Spüren, loten über Bewegungen und Haltungen unsere Wünsche aus. Über den Körper erfahren wir innere Wahrheiten. Indem wir Positionen einnehmen, die uns aus alltäglichen Gewohnheiten herausführen, können wir uns behutsam neuen Aspekten zuwenden.

Über den Körper innere Wahrheiten erfahren

Wir stärken damit unser Gespür für das Kommende, schulen Achtsamkeit und Aufmerksamkeit. Unsere Konzentration auf das Wesentliche wird verbessert. Im Hinspüren kommen wir den Herzenswünschen näher.

Nehmen Sie sich genügend Zeit, um die Übungen kennen zu lernen, mit ihnen vertraut zu werden. Schenken Sie sich etwa 20 Minuten, um das Chakra, das Ihre Wünsche am stärksten repräsentiert, mit der entsprechenden Übung zu erkunden.

Wählen Sie einen stillen, ungestörten Ort. In warmen Jahreszeiten kann draußen in der Verbindung mit der Natur das Gefühl für die Elemente der Energiefelder besonders intensiv erlebt werden. Ziehen Sie etwas Bequemes an, in dem Sie sich gut bewegen können, sich warm genug fühlen.

Gestalten Sie die Übungen Ihrer eigenen Befindlichkeit entsprechend, Sie sollten Ihrem Körper gut tun, Ihrer Beweglichkeit und Kraft angepasst sein. Nach längerem Üben werden Sie merken, dass Ihr Körpergefühl sich deutlich verbessert, Ihre Aufmerksamkeitsspanne länger währt, Geschmeidigkeit und Stärke zugenommen haben. Und dass Ihre Wünsche klarer wurden, Sie selbst deutlicher wissen, was Sie wollen und wie Sie es erreichen.

Mit der Zeit werden die Wünsche immer klarer

Wurzelchakra

Wünsche der materiellen Ebene,
Wünsche, die existenzielle Fragen betreffen

Die materielle Basis unserer Existenz wird im Wurzelchakra imaginiert. Muladhara heißt es in der altindischen Sprache Sanskrit. Das bedeutet Basis, Grundfeste, Verwurzelung.

Im Körper können wir uns auf unser Steißbein und auf den Damm konzentrieren. Setzen Sie sich, am besten auf den Boden, und spüren Sie, wie diese Körperregion Sie mit der Erde verbindet.
Stellen Sie sich Gelb vor. Lassen Sie die Farbe im Körper vom Steißbein ausgehend sich ausbreiten. Ruhen Sie in den verschiedenen Gelbabstufungen der Erde.
Nehmen Sie das Element Erde wahr, visualisieren Sie ein Quadrat. Wie erleben Sie diese Form? Sie kennzeichnet zugleich die vier Himmelsrichtungen auf unserem Planeten.
Lassen Sie sich auch von Ihrer Nase führen; an welche Gerüche erinnern Sie sich? Der Geruchssinn leitet in tiefe, alte Erfahrungen.

Erleben Sie die Festigkeit der Erde, des Elements Erde, von Mutter Erde in sich. Fühlen Sie gleichermaßen die feste Masse unseres Planeten wie auch seine Größe im Vergleich zum Weltall. Tauchen Sie ganz in erdige Fantasien ein und lassen Sie aufsteigende Gefühle und Gedanken zu. Dann warten Sie auf Wünsche.

Gibt es etwas, das Sie der Erde wünschen?

Wünschen Sie sich etwas von der Erde?

Wofür danken Sie der Erde?

Gehen Sie in einen konkreten Austausch, frei und unbefangen, wie es vielleicht unsere Vorfahren taten und es noch heute in Ritualen traditioneller Völker gefeiert wird.

Erinnern Sie sich an Ihre Kindheit, Ihre damaligen Wünsche. Vielleicht entsinnen Sie sich noch des wunderbaren Gefühls von Vertrauen in das Leben, von wunschlosem Glück oder glücklichem Wünschen. Lassen Sie diese Empfindung wieder lebendig werden.

Erdwünsche können sich um Materie drehen, Stabilität und Sicherheit betreffen. Im Wurzelchakra verbinden wir uns mit dem, was uns auf die Füße stellt. Wir entdecken, dass die Erde uns trägt. Die Schwerkraft des Planeten hält uns. Entsprechende Wünsche können wir mit der Visualisierung dieses Energiezentrums verbinden.

Die Erde als Planet ist unsere Heimat, wir haben nur diesen Ort. Sie steht für unsere Zentrierung und Sammlung. Sie schenkt uns den Boden unter den Füßen, gibt uns Nahrung und Schutz. Im Horoskop ist sie der Mittelpunkt, sie gibt uns das Gefühl der Verwurzelung. Ohne die Erdanziehungskraft könnten wir nicht existieren, jedenfalls nicht in der Weise, wie wir es tun, mit unseren Körpern.

Bewusstwerden

Stellen Sie sich bequem hin. Was ist eine angenehme Stellung für Sie?

Spüren Sie den Kontakt zum Boden? Zur Erde?

Stellen Sie sich vor, Ihr Atem geht bis zu Ihren Füßen, imaginieren Sie Ihre Wurzeln.

Wie geht es Ihren Knien?

Wie empfinden Sie Ihren Beckenboden?

Können Sie das Steißbein Richtung Boden streben lassen?

Was ist Ihr Grund?

Der, auf dem Sie gut stehen können und der Sie sicher zu Ihren Beweggründen führt?

Was ist Ihr Standpunkt? Wie empfinden Sie den Stand der Dinge in diesem Augenblick?

Mandala

Aus einem angenehmen Stand springen Sie in eine Grätsche. Nehmen Sie wahr, wie Sie nun stehen.

Die Grätsche darf angenehm sein, korrigieren Sie notfalls Ihren Standpunkt.

Winkeln Sie die Beine so an, dass die Knie über die Knöchel kommen, sodass die Unterschenkel senkrecht vom Boden aufragen. Die Füße zeigen nach Möglichkeit nach vorn.

Spielen Sie nun mit dem Becken, besonders mit dem Steißbein, schwingen Sie es vor und zurück, bleiben Sie dann in der Haltung, die Sie als wohltuend empfinden.

Die Arme sind in Schulterhöhe ausgebreitet, entdecken Sie die Tiefe der Atmung im geweiteten Brustkorb. Spielen Sie mit der Position der Arme, wie weit möchten Sie diese strecken? Oder lieber nur ausdehnen? Möglicherweise ist es angenehmer, die Arme leicht anzuwinkeln, sie nach vorn zu runden?

Nehmen Sie Ihr Brustbein wahr, wie ist es in Relation zum Becken? Spüren Sie seine Form und Lage. Hinter dem Brustbein liegt die Thymusdrüse, die eine wichtige, noch wenig erforschte Funktion für das Immunsystem hat. Im Altertum sah man sie als Sitz des Gemüts an.

Wie halten Sie Ihren Kopf? Lassen Sie ihn sanft von vorn nach hinten gleiten und nehmen Sie wahr, wie er frei und leicht die Wirbelsäule krönt.

Das Mandala ist eine vorbereitende Übung, um sich des eigenen Standpunkts bewusst zu werden. Der Atem wird sanft in die Tiefe des Beckens gelenkt. Alle Atemräume möchten dabei kraftvoll erlebt werden. Die Aufmerksamkeit durchwandert den ganzen Körper, um sich schließlich in der Stärke des Steißbeins niederzulassen. Ankommen, bei sich selbst. Boden unter den Füßen spüren. Den eigenen Platz auf Erden entdecken.
Mandalas sind Bilder, die uns zur Mitte führen. In der Konzentration auf die Haltung entsteht innere Sammlung.
Im Mandala finden wir unsere Wurzeln.
Die Mandalaübung stärkt und kräftigt, vertieft den Atem, erzeugt eine wohltuende Spannung im Beckenboden und gibt einen guten Stand.
In der bewegten Form nenne ich diese Übung Tanz der Amazone, dann wirkt sie besonders kräftigend auf den gesamten Beckenraum, der wärmend durchblutet wird.

Tanz der Amazone

Stellen Sie sich mit angewinkelten Beinen beckenweit auseinander hin. Die Füße sind parallel, die Zehen zeigen nach vorn, nehmen Sie Ihre Fußgewölbe wahr, sie unterstützen den Beckenboden. Legen Sie die Fingerspitzen vor dem Brustbein aneinander, spannen Sie die Bauch-, Becken- und Beckenbodenmuskulatur an,

Tanz der Amazone

sodass das Becken, der Steiß nach vorn gezogen werden. Den Kopf lassen Sie nach vorn sinken, das Kinn geht Richtung Brustbein.
Aus dieser starken Spannung springen Sie dann in die im Mandala beschriebene Grätsche, strecken den Popo nach hinten und legen den Kopf in den Nacken, die Arme sind in Schulterhöhe ausgebreitet.
Experimentieren Sie mit beiden Positionen. Sobald sie Ihnen geläufig sind, können Sie – unterstützt durch den Atem – hin und her springen: Einatmend in die Grätsche und ausatmend in die Ausgangsposition mit den Beinen beckenweit auseinander und angewinkelt. Die Knie sollten stets über den Zehen sein.

Mit dem Mandala und dem Tanz der Amazone kommen wir unseren materiellen Vorstellungen näher.
Was ist uns wirklich wichtig? Welches sind unsere Grundbedürfnisse? Wie stehe ich im Leben? Habe ich einen eigenen Standpunkt? Stehe ich zu mir und meinem Sehnen?
Wir entdecken unseren Stamm, das Wunder unseres Lebens, die Verbundenheit mit allem.
Wir spüren die Kraft unserer Ahninnen und Ahnen.

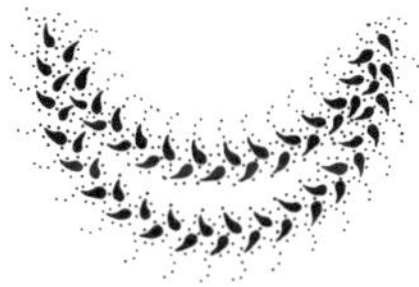

Sexualchakra

Wünsche nach sexueller Erfüllung, zu Partnerschaft und Kindern, zu Erkenntnissen über die eigene Kreativität

Das zweite Energiezentrum wird bei den Sexualorganen und den Nebennieren visualisiert.

Svadishthana, Wohnstatt des Selbst, nennen altindische Überlieferungen jenen Ursprungsort.

Leuchtendes Blau scheint vor dem inneren Auge auf. Baden Sie in all den Farben des Wassers, erquicken Sie sich mit den unterschiedlichen Blautönen, lassen Sie sich davon erfrischen.

Das Wasserelement taucht auf, die Essenz unseres Lebens. Die Quelle der kreativen Kräfte kann in diesem Chakra empfunden werden.

Ein Kreis mit einer liegenden Mondsichel symbolisiert die schöpferischen Möglichkeiten und die Auflösung der festen Erde im flüssigen Element.

Nehmen Sie Ihre Zunge wahr und den Geschmack, der sich gerade präsentiert.

Wasser – so lebensnotwendig für unsere Existenz; drei Viertel unseres Planeten sind von Wasser bedeckt; wir Menschen bestehen zu einem großen Teil daraus. Unser pulsierendes Blut, das Schwingen des Lymphstroms, das Oszillieren des Liquors, das Auf und Ab in der Zellflüssigkeit, die Tränen, die wir von Zeit zu Zeit vergießen – in all diesen Säften werden die Informationen unseres Lebens gespeichert und weitergereicht. Der flüssige Speichel transportiert die Geschmäcker.

Der Mond wie auch das Wasser ähneln unseren Gefühlen: stets in Veränderung.

Welche Wünsche steigen aus unseren Tiefen herauf?

Wie will ich meine Kreativität kundtun, wie schaffe ich mit meinen schöpferischen Schätzen?

Traue ich mich, meine Talente zum Tragen zu bringen?

Was wünschen Sie sich vom Wasser?

Wohin sollen Ihre schöpferischen Fähigkeiten fließen?

Was übergeben Sie dem Wasser?

Was wünschen Sie dem Element Wasser?

Wofür danken Sie dem Wasser?

Wenn wir mit den Wünschen des zweiten Chakras bewusst umgehen, tauchen wir in die Freude ein, die unser Geburtsrecht ist, in das Erleben, dass wir unsere Fruchtbarkeit auf vielerlei Arten leben können. Wir spüren die Sexualität als schöpferische Kraft, als lebendige Energie in unseren Zellen und sind frei zu entscheiden, wie wir diese Potenz strahlen lassen.

Das zweite Energiezentrum rückt unsere Wünsche nach Beziehungen in den Brennpunkt.
Wasser möchte fließen, wenn es stagniert, modert es, verfault und fängt an zu stinken.

Wie möchte ich in Beziehung treten?
Bin ich bereit, Energien fließen zu lassen?
Gehe ich liebevoll mit mir und meinen Fähigkeiten um?
Kann ich andere in ihrer Eigenart lassen und mich an den Unterschieden freuen?
Was bedeutet mir Kontrolle?
Wie lebe ich meine Sexualität?
Würdige ich das Wunder der Lebenskraft?
Wie möchte ich mit den Schätzen, den Talenten, den Begabungen, die mir mitgegeben wurden, umgehen?
Wo winkt Heilung für all die Wunden, die ich in diesem Energiefeld erlitt? Was mache ich mit meinem Potenzial?

Bewusst werden

Stellen Sie sich vor den Spiegel und betrachten Sie Ihr Becken. Entdecken Sie den Schwung der liegenden Mondsichel von Hüftknochen zu Hüftknochen. Stellen Sie sich vor, wie gut aufgehoben die Beckenorgane in diesem gerundeten Becken liegen.

Atmen Sie bewusst zu den Sexualorganen, erfüllen Sie den Beckenraum mit lebendiger Aufmerksamkeit. Fühlen Sie Ihre Potenzen, frei und unbekümmert. Welche Lust ist da zu Hause?

Nehmen Sie diese Partie Ihres Körpers einfach nur wahr. Begeben Sie sich in die Erfahrung des Augenblicks.

Sollten Schuldgefühle auftauchen, betrachten Sie diese und überlegen Sie, wer Ihnen solche zu welchem Zweck eingepflanzt hat. Im zweiten Chakra können wir uns von alten Mustern befreien und in Verbindung mit der Energie aller Chakren unsere eigene Ethik entwickeln. Die Reise durch die Chakren schenkt uns Selbstbestimmung durch seelische Bezugspunkte.

Mondsichel in der Seitenlage

Legen Sie sich auf die Seite, trachten Sie danach, den Körper in eine möglichst gerade Linie zu bringen. Spüren Sie diese Form. Richten Sie Ihre Aufmerksamkeit zum Becken. Atmen Sie ruhig und sanft. Den Kopf können Sie entweder auf dem ausgestreckten Arm liegen lassen oder Sie stützen ihn mit der Hand auf.

Mondsichel in der Seitenlage

Das auf dem Boden liegende Bein ist gestreckt. Werden die Zehen Richtung Kopf gezogen, stabilisiert sich die Haltung.
Falls Sie die Übung lieber etwas bequemer gestalten möchten, winkeln Sie das auf dem Boden liegende Bein an, so fällt es leichter, das Gleichgewicht zu halten.
Das oben liegende Bein wird nun gehoben, zunächst frei und achtsam, neugierig wahrnehmend, wo und wie in der Hüfte gedreht wird.
Dann heben Sie das Bein so, dass die Zehen nach unten zeigen und die Ferse aufwärts schaut. Wahrscheinlich können Sie das Bein dann nicht mehr ganz so hoch heben, wie wenn Sie in der Hüfte drehen. Nehmen Sie diesen Unterschied wahr.
Spüren Sie, wie wohlige Wärme im Becken entsteht. Die Sexualorgane werden gut durchblutet und in ihren gesunden Funktionen unterstützt.
Achten Sie auf den Atem, wenn Sie ihn mit der Bewegung koordinieren möchten, tun Sie es auf Ihre Weise. Bleiben Sie forschend, experimentieren Sie mit dem Atemfluss.

Variationen

Wollen Sie die Übung vertiefen, heben Sie beide Beine so in die Höhe, dass die Zehen sich berühren und die Fersen auseinander zeigen. Verweilen Sie einige Atemzüge in der Position und ent-

Variation: Mondsichel in der Seitenlage

spannen Sie danach in einer angenehmen Seitenlage, bevor Sie zur anderen Seite wechseln.

Noch herausfordernder wird die Pose, wenn Sie zugleich zum Heben der Beine beide Arme seitlich über den Kopf strecken und vom Boden lösen, sodass die Form tatsächlich einer liegenden Mondsichel ähnelt.

Genießen Sie das Gefühl, dem Potenzial Ihrer Beckenkraft näher gekommen zu sein.

Nabelchakra

Wünsche zur eigenen Kraft, zur inneren Stärke
und nach Entscheidungsfähigkeit

Der Nabel ist die Mitte unseres Körpers.
Manipura, Stadt der Edelsteine, Ort des Überflusses, nennt die indische Mythologie dieses Chakra.
In der Körpermitte können wir das Sonnengeflecht, die Milz und die Bauchspeicheldrüse sowie die Därme visualisieren.
Rot ist die Farbe für die Mitte, kraftvoll unterstützt sie das Verdauungsfeuer.
Das Feuer gilt als Element der Mitte, ein Dreieck gibt ihm Form.
In unseren Augen sehen wir das Feuer der Lebendigkeit. Das lässt uns strahlen. Charisma folgt daraus.
Neuere Forschungen haben die Bedeutung des Bauchraums für unsere Entscheidungen hervorgehoben. Die dort bereits früh in unserer Entwicklung angelegten Nervengeflechte erlauben uns schnelles und spontanes Handeln.
Wenn wir aufmerksam sind, wissen wir hier sofort, was stimmig ist.

Wie treffen Sie Entscheidungen?
Aus welchen Impulsen werden diese genährt?
Wie schätzen Sie Ursachen und Wirkungen in Ihrem Leben ein?
Konzentrieren wir uns auf die Mitte, spüren wir Stärke, erkennen unsere Kraft, erfahren unsere Eigenmacht, machen das Eigene.
Welche Wünsche haben Sie an das Feuer?
Was übergeben Sie dem Feuer?
Was wünschen Sie diesem Element?
Wofür danken Sie dem Feuer?
Wie feurig leben Sie Ihr Leben?
Welche Wünsche feuern Sie an?
Halten Sie Ihr eigenes Feuer oder das der anderen aus?
Verbrennen Sie Ihre Energien, sodass Sie sich ausgebrannt fühlen?
Nähren Sie Ihr Feuer und schützen Sie es?
Können Sie mit Ihrem Feuer umgehen?
Es angemessen dosieren, sodass es leuchten, strahlen, wärmen kann?

Achten wir uns selbst – dann achten andere uns.

Als was betrachten Sie sich?
Wie würden Sie sich selbst beschreiben?
Was sind Ihre persönlichen Stärken?
Wie gehen Sie mit Energie um?
Was bedeutet Ehre für Sie?

Die Energien des Nabelzentrums lehren uns Selbstachtung und Disziplin, sie führen uns zu Entscheidungsfähigkeit und Tatkraft.

Bewusstwerden

Egal in welcher Position Sie sich gerade befinden, legen Sie eine Hand oder beide Hände auf den Bauch. Sehr angenehm ist es, eine Hand unterhalb und die andere oberhalb des Bauchnabels zu platzieren.
Spüren Sie den Puls der Bauchschlagader und ihren schönen tiefen Atem. Verweilen Sie einige Atemzüge in diesem Moment des Erspürens der eigenen Mitte. Nehmen Sie Ihr inneres Feuer wahr?

Pantherkraft

Gehen Sie auf alle viere. Die Hände sind unter den Schultern, die Knie unter den Hüften, so kann der Rücken gerade sein.
Heben Sie ein Bein hoch, winkeln Sie es an, lassen Sie den Atem durch den ganzen Körper strömen und spüren Sie Ihre Kraft.
Nach einigen Atemzügen die Seiten wechseln.

Mit dieser Übung lässt sich trefflich spielen, so wie es Katzentiere gern tun:

Das gehobene Bein in der Verlängerung der Wirbelsäule gerade strecken.
Das Bein möglichst weit nach oben heben.
Ein Bein und den entgegengesetzten Arm heben.
Mit der entgegengesetzten Hand das gehobene Bein hinter dem Rücken fassen.
Kopf und Knie unter dem Bauch zusammenbringen.

Variieren Sie die Pantherposition nach Lust und Laune und visualisieren Sie dabei Ihre eigenen Stärken.

Die Pantherpose kräftigt die Mitte, vertieft den Atem, stärkt den Rücken, macht geschmeidig und fröhlich.

Pantherkraft

Herzchakra

Wünsche zu Herzensangelegenheiten,
Mut, Gelassenheit und Heiterkeit

Anahata heißt das Herzchakra auf Sanskrit und dies bedeutet: ungetroffen, ungeschlagen. Damit meint man den Ton, der nicht erzeugt wird, sondern in der Meditation entsteht.
Wir können uns auf das Herz und die Thymusdrüse konzentrieren.
Rauchiges Grün scheint als Farbe auf. Das Element Luft macht uns leicht, lässt unseren Geist überall hin streben.
Ein sechszackiger Stern bzw. das Hexagramm ist die Form für dieses Energiezentrum.
Über die Haut fühlen wir, lassen uns gern berühren.
Das Herz erlebt die Gefühle und Emotionen.
Die Thymusdrüse spielt eine wichtige Rolle im Immunsystem, nach alten Überlieferungen schenkt sie uns Mut.

Mit den Wünschen zu Fühlen und Spüren können wir uns im Herzzentrum beschäftigen.

Überlegen Sie, was Sie dem Element Luft wünschen möchten.
Was erbitten Sie von der Luft?
Wofür möchten Sie der Luft danken?
Spüren Sie, wie die Luft über die Haut streicht und nehmen Sie wahr, welche Form Ihr Körper in die Luft hineingibt.
Entdecken Sie, welche Gefühle dabei im Herzen auftauchen.
Im Buddhismus wird die Meditation der liebenden Güte gepflegt. Dabei sammelt man Liebe und Mitgefühl im eigenen Herzen, um diese Eigenschaft hinausströmen zu lassen. Indem man sich liebevolle Aufmerksamkeit schenkt, wird man fähig, mit herzlicher Achtsamkeit den Mitmenschen zu begegnen.
Im Atem erfassen wir sowohl unsere Einzigartigkeit sowie unser Eingebundensein in ein größeres Ganzes: Wir atmen in unserem eigenen Atemrhythmus: Ausdruck unserer Individualität. Wir atmen alle die gleiche Luft: so sind wir mit allem und allen verbunden.

Was wünscht sich Ihr Herz?
Gibt es einen Herzenswunsch?

Lassen Sie die Atemluft den Brustkorb weiten.
Möglicherweise spüren Sie zunächst alte Wunden, denn das Herz, in dem wir unsere Gefühle beheimaten, hat in einem Menschenleben viel zu tragen. Nehmen Sie wahr, wo Sie verletzt wurden.

Folgen Sie Ihrem Gespür, um an die Quelle Ihrer Verwundung zu gelangen, benennen Sie diese und schenken Sie sich Raum und Zeit, um nicht nur die Wunde, sondern auch das Gute, das aus einem negativen Erlebnis gelernt wurde, zu würdigen. Vergeben Sie sich und den Beteiligten. Wagen Sie Befreiung und Neuanfang. Oft erlebe ich in meinen Kursen, dass Menschen sich über eine Krankheit definieren, mit einer Verletzung identifizieren. Fast erscheinen alte Wunden, Probleme wie ein Besitz. Dies habe ich, das bin ich. Da wird mir selbst ganz weh ums Herz, kommt es mir doch so vor, als ob man weiterhin in der Vergangenheit lebt, sie nicht loslässt. Das belastet das Herz, wie mittlerweile aus der Forschung bekannt ist. Sich allzu lange über ein Defizit, einen Mangel zu bestimmen, kultiviert diesen. Wie will man dann ganz und heil sein? Wir sind fähig, alte Schmerzen loszulassen, um jeden Tag neu zu leben.

Die Vergangenheit ist Geschichte, die Zukunft ein Geheimnis, die Gegenwart ein Geschenk.

Bewusst werden

Hand aufs Herz, das sagt man so dahin, tun Sie es – jetzt.

Wie fühlt sich der Herzschlag an, was spüren Sie unter Ihrer Hand? Die Hand aufs Herz zu legen hat eine beruhigende Wirkung: der Atem kommt und geht langsamer, wir fühlen uns zentriert. In man-

chen Ländern des Maghreb drückt man mit der Hand auf dem Herzen eine herzliche Einladung aus und versichert dem Gegenüber großzügiges Wohlwollen.
Kennen Sie die asiatische Begrüßungsgeste? Man legt beide Handflächen in Herzhöhe aneinander und blickt die andere Person an oder verbeugt sich. So kann man auch sich selbst willkommen heißen, bei sich ankommen, zur Ruhe gelangen, sich sammeln und konzentrieren. Mitten im Alltag.

Der nach oben schauende Hund

Legen Sie sich auf den Bauch und spüren Sie den Kontakt Ihres Körpers mit dem Boden, lassen Sie den Atem den Bauch bewegen und nehmen Sie Ihren Atemrhythmus wahr. Können Sie den Herzschlag fühlen?
Geben Sie die Hände unter die Schultern, die Ellbogen bleiben nah am Rumpf, stellen Sie die Zehen auf und heben Sie sich so weit nach oben, dass nur noch die Hände und die Zehen Kontakt mit dem Boden bewahren, gehen Sie in eine angenehme Rückbeuge und lassen Sie das Brustbein wie eine Sonne nach vorn ausstrahlen. Der Kopf bleibt in der Verlängerung der Wirbelsäule oder Sie strecken Ihren Hals, beugen den Nacken und schauen weit nach oben.
Genießen Sie die Position mehrere Atemzüge lang.

Variation

Setzen Sie sich auf Ihre Fersen, der Kopf liegt mit der Stirn auf dem Boden, und strecken Sie Ihre Arme weit nach vorn aus. Spüren Sie die Dehnung Ihres Rumpfes, der Atem ist weit.

Lassen Sie die Hände in Schulterbreite vorn auf dem Boden und gehen Sie auf die Knie in die Vierfüßlerposition, stellen Sie die Zehen auf und heben Sie den Körper vom Boden hoch. Schieben Sie sich mit den Fersen nach hinten, um die Dehnung zu verstärken, das Brustbein recken Sie nach vorn oben. Bewegen Sie den Kopf mehrmals von Seite zu Seite, nicken Sie und lassen Sie den Kopf dann sanft nach oben schauen.

Verweilen Sie einige tiefe Atemzüge lang in der starken Haltung.

Der Hund, der nach oben schaut, dehnt den gesamten Rücken, kräftigt die Bauch- und Beckenmuskeln, vertieft die Atmung, stärkt die Herzfunktionen. Eine Übung, die Freude und Strahlkraft schenkt.

Der nach oben schauende Hund

Kehlchakra

Wünsche zu Kontakt, Kommunikation, Stimme, Sprache, innerer Wahrheit und Klarheit

Vishuddha heißt dieses Energierad im Sanskrit, was rein und lauter bedeutet.

Es wird der Halsschlagader, der Kehle, der Schilddrüse zugeordnet.

Farblich präsentiert es sich in rauchig-weißem Purpur.

Wir können uns hier mit dem geheimnisvollen Akasha-Element beschäftigen und herausfinden, was es für uns bedeutet. Ist es der Klang des Weltalls? Kennzeichnet es die Raum-Zeit-Komponenten unseres Lebens? Meint es Form? Ist es Äther?

Erlauben Sie sich hineinzuspüren, was dieses Chakra erzählen mag. Lassen Sie Ihre eigenen Bilder kommen.

Als Form erscheint der Halbmond im Vollmond. Die Mondphasen versinnbildlichen Reinheit, übersinnliche Energien, Hellsichtigkeit und wortlose Kommunikation. Sie stehen für die Beständigkeit des Wandels und für den Wandel des Bestehenden.

Der Mond, Trabant unseres Planeten, verbindet uns mit dem Transzendenten. Er weist über die Erde hinaus in den Himmel, ins

Universum. Und ist doch einer von uns, seine Masse besteht aus einem Gemisch unserer Elemente auf Erden.

Die Ohren und das Hören sind angesprochen sowie der Mund, es geht um Kommunikation.

Was nehme ich auf und was gebe ich wieder?
Was will ich formulieren?
Kann ich zuhören?
Wie teile ich mich mit?
Schreie ich meine Wünsche hinaus oder spreche ich aus meiner Mitte, ruhig und klar?
Bleibe ich in Diskussionen und Debatten bei mir?
Von wo aus spreche ich? Aus meinem Zentrum, meiner Mitte? Rein und lauter?

Welche Wünsche weckt das Kehlchakra in Ihnen? Vielleicht möchten Sie Ihre Kontakte, Ihre Kommunikation verbessern?
Wofür sind Sie dankbar?
Lernen Sie nach innen zu lauschen, um die Stimme Ihrer Intuition zu vernehmen. Lassen Sie sich inspirieren, indem Sie Ihren Atem ruhig und regelmäßig, fein und tief, lang und langsam werden lassen.

Schulen Sie Ihre Sprache, achten Sie auf Ihre Träume. Wenden Sie Ihre Aufmerksamkeit, Ihr Wünschen diesem Chakra zu, wird Ihre innere Stimme zunehmend klarer. Entsprechend verändern sich Begegnungen und Beziehungen.

Welche Schwingungen kommen aus dem unendlichen Raum?

Wenn Sie sich mit diesen Impulsen beschäftigen, achten Sie darauf, dass Sie rein und klar bleiben. Bewahren Sie sich offene Neugier, offene Weite im Herzen. Denn was wir wahrnehmen, hat viel mit uns und unserer Befindlichkeit zu tun. Erst wenn wir unsere persönlichen Vorlieben und Abneigungen beiseite lassen können, werden wir fähig, anderen gut zuzuhören.

Bewusst werden

Gleich in welcher Haltung Sie gerade sind, nehmen Sie wahr, wie Sie den Kopf halten. Welche Rolle spielt der Hals dabei? Spüren Sie Ihren Hals und machen Sie langsam alle Bewegungen, die Ihnen im Halsbereich möglich sind. Achten Sie darauf, dass es Ihnen angenehm bleibt.

Wenn Sie Verschiedenes ausprobiert haben, stellen Sie sich eine liegende Acht vor, die Sie mit der Nase in der Luft nachzeichnen. Beschreiben Sie diese Form sacht und sanft, wechseln Sie die Richtung, schreiben Sie eine stehende Acht, wechseln Sie auch da die Richtung.

Dann lassen Sie Ihren Kopf leicht und frei in der Verlängerung der Wirbelsäule auf den Halswirbeln ruhen und richten nun Ihre Aufmerksamkeit auf die Kehle. Lassen Sie Ihren Atem tief und fein durch die Nase ein- und ausströmen. Legen Sie einen Finger zart in das Kehlgrübchen und versuchen Sie mit einem feinen Kehlgeräusch – es ähnelt einem gehauchten H – ein- und auszuatmen.
Bleiben Sie entspannt und weich im Atemfluss.
Diesen hörbaren Atem nennt man Ujjayi, siegreiche Atmung. Sie wirkt beruhigend und konzentrierend.

Flusspferd

Legen Sie sich auf den Rücken und schütteln Sie Ihre Beine nach oben in der Luft aus, winkeln Sie diese an, sodass sich die Oberschenkel parallel mit dem Boden seitlich vom Rumpf befinden und die Unterschenkel senkrecht nach oben stehen.
Bleiben Sie entspannt im Rumpf und besonders im Schultergürtel in der Halsregion. Der Kopf liegt frei in der Verlängerung der Wirbelsäule wohlig auf dem Boden.
Die Hände fassen zu den Füßen und drücken sanft die Beine nach unten. Wenn diese Position Ihre Schultern nach oben zieht, dann legen Sie die Hände lieber in die Kniekehlen, denn Schultern, Hals und Nacken und besonders die Kehle sollten sich weiterhin frei und angenehm anfühlen. Tief ein- und ausatmen,

wenn Sie möchten, können Sie den hörbaren Ujjayi-Atem praktizieren.

Das Flusspferd wirkt entspannend und anregend zugleich, es aktiviert einen guten Energiefluss in der gesamten Wirbelsäule und entlastet den Rücken. Die Verdauung wird stimuliert. Die Sexualorgane werden warm durchblutet, Lebensfreude erwacht.

Flusspferd

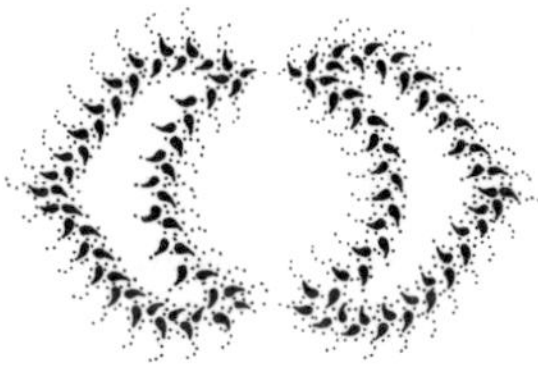

Drittes Auge

Wünsche nach verfeinerter Wahrnehmung,
nach dem Erkennen tieferer Zusammenhänge, nach Intuition

Der Punkt zwischen den Augenbrauen steht für das Dritte Auge und gilt im Yoga als wichtiger Konzentrationspunkt. In vielen Meditationen soll die Aufmerksamkeit auf diese Stelle gerichtet werden.
Der Sanskritname Ajna bedeutet Autorität, Auftrag, Befehl oder uneingeschränkte Macht.
Im Körper, im Kopf lokalisiert man die Hypophyse, die Hirnanhangsdrüse, die den gesamten Hormonhaushalt dirigiert. Das limbische System, welches Lernen und Gedächtnis unterstützt, wird gleichfalls diesem Chakra zugeordnet.
Durchsichtiges fast weißliches Lila-Violett strahlt aus. Die Gesamtheit aller Geisteskräfte, Bewusstsein und Erkenntnis werden nach indischer Vorstellung hier als Elemente betrachtet.
Eine sehr alte mündliche Überlieferung ordnet diesem Chakra den Raum zu. In unserem Erdenleben können wir immer wieder dem unendlichen Raum endliche Struktur verleihen.

Als Form taucht ein Kreis mit zwei Blütenblättern auf, Symbol für unsere Entwicklung und Entfaltung, die zur Vollkommenheit drängt. Vollkommen ist das, was wir in seiner Eigenart willkommen heißen, rund werden lassen. Dabei müssen wir nicht perfekt sein; sich vervollkommnen bleibt in Bewegung, im Prozess; perfektionieren will etwas zu Ende bringen. Doch das Leben bewegt. Es zerstört, um Neues entstehen zu lassen. Der Kreislauf des Schöpfens und Er/Schaffens, des Erhaltens und Bewahrens, um wieder aufzulösen, scheint unendlich.

Die Verfeinerung der Sinne, die nicht nur auf äußere Reize reagieren, sondern innere Schwingungen erfassen, wird angestrebt. Dieses Chakra entspricht am ehesten dem sechsten Sinn. Wenn wir uns auf diese Möglichkeit einlassen, werden wir feinfühliger und achtsamer.
Willenskraft und Unterscheidungsfähigkeit können durch entsprechende Wünsche geschult werden. Man erkennt die eigenen Denkmuster, wird zunehmend bewusster und klarer. Erfahrungen und Ahnungen wandeln sich zu tiefen Einsichten.

Wohin zielen Ihre Wünsche?
Was ist Ihre Vision eines erfüllten Lebens?

Welche Wünsche bringen Sie Ihrem Wesenskern näher?
Welche Struktur geben Sie Ihren offenen Räumen?
Wie füllen Sie Ihren Lebensraum?
Wo empfinden Sie Dankbarkeit?

Lassen Sie Ihrer Intuition genug Raum, sodass Sie diese kennen lernen und würdigen können.
Sind Sie bereit für die Geschenke Ihres Lebens?

Bewusst werden

Wie oft streichen wir im Alltag unbewusst über unsere Stirn, sei es, dass wir unangenehme Gedanken verscheuchen wollen, uns konzentrieren müssen, entspannen möchten.
Tun Sie dies jetzt einmal bewusst, streicheln Sie sanft mit den Fingerkuppen einer Hand über die Stirn. Spüren Sie Falten? Lösen Sie diese nach Möglichkeit.
Führen Sie dann bewusst bei der Einatmung Ihre Fingerkuppen vom Punkt zwischen den Augenbrauen über die Stirn nach oben zum Haaransatz, ausatmend nehmen Sie die Hand weg. Wechseln Sie jedes Mal die Hand, sodass Sie abwechselnd mit der rechten oder linken Hand über die Stirn fahren. Die ruhende Hand legen Sie auf eines der anderen Chakren.

Atmen Sie langsam und weich, lassen Sie die Handbewegung ebenfalls weich und behutsam sein.
Spüren Sie den Wirkungen nach.

Muschel mit Stirn auf dem Boden

Stellen Sie sich eine Muschel in ihrer schönen, geschlossenen Form vor. Lassen Sie dieses Bild auf sich wirken. Atmen Sie ruhig und gelassen.
Setzen Sie sich auf den Boden, grätschen Sie die Beine weit und spielen Sie zunächst mit dieser Position, indem Sie von Pobacke zu Pobacke das Gewicht verlagern, hin und her schaukeln, leicht, zart, frei.
Nach einer Weile lassen Sie den Oberkörper sanft nach vorn gleiten, erinnern Sie sich an die Weichheit im Inneren einer Muschel und lassen Sie zu, dass die Schwerkraft der Erde Sie nach unten zieht. Dehnen Sie Ihre Arme weit nach vorn, der Kopf sinkt allmählich zu Boden. Geben Sie sich entspannt der Haltung hin.
Der Rücken darf sich dehnen und geschmeidig werden, Sie können ein oder mehrere Kissen auf den Boden legen, damit Sie entsprechend Ihrer Beweglichkeit den Kopf ablegen können.

Genießen Sie die Position, der Atem strömt fein und tief durch den ganzen Körper.

Kehren Sie achtsam und langsam aus der Stellung zurück und legen Sie sich auf den Rücken, ziehen Sie die Beine zum Bauch, umarmen Sie sich, lassen Sie kleine Schaukelbewegungen in dieser Kuschelmassage entstehen.

Die Muschel entspannt, vertieft den Atem, schenkt Geschmeidigkeit, fördert alle Stoffwechselvorgänge, steigert die Durchblutung in Bauch und Becken, wärmt die entsprechenden Organe, lässt den Kopf klar werden.
Mit der Muschel schenkt man sich selbst Geborgenheit, Geduld und Gelassenheit.

Muschel mit Stirn auf dem Boden

Scheitelchakra

Wünsche zum Einklang von Körper, Geist und Seele,
zur Verbindung mit dem Universellen

Das Scheitelchakra nennt die indische Yoga- und Tantra-Tradition Sahasrara, tausendblättriger Lotos. Die tausend Blütenblätter symbolisieren Fülle, Vielfalt und Vollendung des Lebens.
Dieses Chakra befindet sich am Scheitelpunkt des Kopfes und wird auf die Zirbeldrüse bezogen. Die Epiphyse reagiert auf Licht und koordiniert unsere inneren Körperrhythmen mit den äußeren Zyklen von Tag und Nacht, den Jahreszeiten, dem Klima.
Die Zeit ist das Element des siebten Chakras. Zeit als Ebene, in der Leben wirkt, auch wenn es selbst zeitlos ist.
Wie erleben Sie Zeit?
Welchen Wunsch schicken Sie der Zeit?
Welchen Wunsch erbitten Sie von der Zeit?
Wofür sind Sie der Zeit dankbar?

Helles Licht, das alle Farben vereint, strahlt aus.
Ein Kreis symbolisiert Vollendung.

Jenseits der sinnlichen Erfahrung, in der Transzendenz erfassen wir das Leben, wie es ist, frei, ohne Wertungen. Die Stille, die alles Geschehen im Keim enthält, umfängt uns. Tiefe Ruhe kehrt ein.

Wunschloses Glück, Zufriedenheit und Harmonie werden erfahren, wenn wir unseren eigenen Weg erkannt haben. Wir spüren, dass das Leben uns gibt, was wir brauchen, dass wir in jeder Lebensphase lernen können.

Im alten Griechenland unterschied man zwischen Chronos, der fortlaufenden Zeit, und Kairos, dem günstigen Augenblick, dem besten Zeitpunkt des Entscheidens. Entwickeln wir Geduld, um dies immer wieder zu erkennen.
Erleuchtung, so bedeutete mir vor vielen Jahren die alte Äbtissin eines Bergklosters in Zentraljapan, ist einfach das Annehmen des Lebens in seiner ganzen Fülle – mit Bergen und Tälern, Trockenheit und Regen, Tag und Nacht, Licht und Schatten.

Bewusst werden

Wenn Sie gerade sitzen oder stehen, nehmen Sie die Haltung Ihres Kopfs wahr. Ziehen Sie zart Ihre Haare nach oben, spüren Sie die Belebung Ihrer Kopfhaut, klopfen Sie sanft den Schädel ab.

Achten Sie auf Ihre Gefühle beim Sonnenauf- wie beim Sonnenuntergang. Verbinden Sie sich mit diesen – nach alten Auffassungen verschiedener Völker – besonders begnadeten Zeiten. Erleben Sie sehr bewusst diese Zeitmomente.

Sommervogel

Legen Sie sich auf den Bauch. Die Hände geben Sie übereinander, um darauf die Stirn zu platzieren, sodass der Nacken gerade bleibt. Spüren Sie, wie und wo Sie aufliegen. Der Atem geht lang und langsam, wird tief und fein.
Die Beine liegen ungefähr hüftweit auseinander bequem auf dem Boden. Winkeln Sie die Beine an und kreuzen Sie die Unterschenkel langsam und behutsam, abwechselnd rechts vor links und umgekehrt. Der Atem sollte ruhig und angenehm bleiben.
Je langsamer Sie atmen und je gemütlicher Sie die Bewegung machen, umso besser. Dann kann die Übung bis in die Tiefen der Rückenmarksgehirnflüssigkeit wirken und Ihren eigenen Rhythmus harmonisieren. Ist Ihr Atem sehr langsam, können Sie Atem und Bewegung koordinieren, sodass beim Öffnen der Beine die Einatmung erfolgt und bei jedem Kreuzen ausgeatmet wird.

Der Sommervogel bringt alle Körperrhythmen in Einklang, beruhigt, entspannt, führt in tiefe Bewusstseinsschichten.

Sommervogel

Ausklang und Aufbruch

Solange wir leben, ist nichts abgeschlossen. Wie denn auch?

Da alles mit allem verbunden, jede Zelle ständig in Auf- oder Abbauprozessen steckt, sind wir stets in Veränderung. Wer sich nicht bewegt, wird bewegt. Bleiben wir nicht selbst wach in unseren Wandlungsphasen, werden uns äußere Neuerungen zum Aufbruch fordern.

Aufbrechen können wir alte Strukturen und Verhaltensweisen, wir sind fähig, über unsere Klarheit und Entschiedenheit immer wieder dem Wunder wie einem Vogel die Hand hinzuhalten, wie es die Dichterin Hilde Domin formulierte.

Unsere Wünsche können unseren Willen stärken, unseren Geist wach halten. Vom Wünschen und Wollen führt der Weg zum Handeln und das, was wir tun oder lassen, macht schließlich unser Schicksal aus.

Die sieben Kräfte verbinden uns mit unserem Ursprung

Die sieben wundersamen Kräfte, die sich in unseren Energiefeldern manifestieren, verbinden uns mit unserem Ursprung. Sie verweisen auf das immer währende Schöpfen, das Werden und Vergehen, auf Wandel und Wachstum. Sie nähren die Quellen unserer Lebendigkeit.

Die bloßen Füße berühren die nackte Erde, ich spüre die Chancen meiner menschlichen Geburt. An den Erdkrumen riechend, danke ich der Erde für Inkarnation und Nahrung.

Großzügig und freigebig fließen die Energien, streben nach Austausch, um Neues zu kreieren. Ins Wasser der Seen, Bäche und Meere tauche ich ein, lasse mich erquicken, erfrischen. Ich danke meinen Vorfahren und segne meine Nachkommen.

Der Bauch dehnt sich im Einatmen und geht nach innen beim Ausatmen. Eigenmacht wächst aus dem eigenen machen, das Eigene tun. Die Entscheidung dafür kommt aus dem Bauch. Das Feuer der Leidenschaften, die Lebenslust sprühen aus den Augen.

Das Herz schlägt in seinem eigenen Rhythmus, es pocht, es bubbert, es erklärt mir Gefühle. Ich spüre den Hauch, der mich berührt und wage die Liebe.

Die eigene innere Stimme spricht, geheimnisvoll, ich will ihre Sprache verstehen lernen.

In der Konzentration auf das Dritte Auge breitet sich Entspannung aus, die Weite des Raums wird erfahrbar, Freiheit zu handeln nach dem Gewissen. Ich öffne mich der Einsicht und dem Ausblick.

An der höchsten Stelle des Kopfes koordiniert die Zirbeldrüse die inneren Rhythmen mit den äußeren des Orts. Ich folge den Rhythmen meiner inneren Zeit. Eingebunden in zeitlose Zeit: ich bin.